BEI GRIN MACHT SICH IHR
WISSEN BEZAHLT

Wie wirkt sich ein Klassenrat auf das Klassenklima aus?

Nicole Lazik

Bibliografische Information der Deutschen Nationalbibliothek:

Die Deutsche Nationalbibliothek verzeichnet diese Publikation in der Deutschen Nationalbibliografie; detaillierte bibliografische Daten sind im Internet über http://dnb.d-nb.de abrufbar.

ISBN: 9783346752185
Dieses Buch ist auch als E-Book erhältlich.

© GRIN Publishing GmbH
Trappentreustraße 1
80339 München

Druck und Bindung: Books on Demand GmbH, Norderstedt Germany
Gedruckt auf säurefreiem Papier aus verantwortungsvollen Quellen

Das vorliegende Werk wurde sorgfältig erarbeitet. Dennoch übernehmen Autoren und Verlag für die Richtigkeit von Angaben, Hinweisen, Links und Ratschlägen sowie eventuelle Druckfehler keine Haftung.

Das Buch bei GRIN: https://www.grin.com/document/1289328

Fachhochschule Dortmund
Fachbereich Angewandte Sozialwissenschaften
Soziale Arbeit Wintersemester 2021
2. Semester Empirische Hausarbeit

W02.2 B Wissenschaftliches Arbeiten und Methodenlehre
Zeichenzahl: 26.846

DER EINFLUSS DES KLASSENRATS
Wie wirkt sich die Einführung des Klassenrats auf das Klassenklima aus?

Eine quantitative Studie mit der Klasse 6 der Gesamtschule X in Hagen

Nicole Lazik

22.02.2022

Inhaltsverzeichnis

1 Einleitung 2

2 Theoretischer Hintergrund 3
    2.1 Soziales Klima und Konfliktentstehung nach Fleischer 3
    2.2 Konzept des Klassenrats 3
    2.3 Ziele und Wirkungen des Klassenrats nach Daublebsky et al. 4

3 Forschungsfrage und Hypothesenbildung 5

4 Methodisches Vorgehen 5
    4.1 Aufbau des Fragebogens und Erhebung der Daten 5
    4.2 Stichprobenauswahl 6
    4.3 Durchführung der Studie 7

5 Ergebnisse der Untersuchung 7
    5.1 Konfliktlösungsfähigkeiten 7
    5.2 Klassenklima 9
    5.3 Wohlbefinden 10

6 Diskussion 11
    6.1 Einordnung der Ergebnisse in den theoretischen Hintergrund 11
    6.2 Methodenkritische Reflexion 12

7 Fazit 13

Literaturverzeichnis

Abbildungsverzeichnis

Anhang
    Fragebogen
    Einverständniserklärung
    Rohdatentabelle
    Codierung

Einleitung

Laut einer Umfrage von UNICEF[1] und dem Deutschen Kinderhilfswerk[2] ist die Schule ein Vollzeitjob für Kinder. Die Studie von 2013 kam zu dem Ergebnis, dass Kinder und Jugendliche in Deutschland im Schnitt mehr als 38,5 Stunden pro Woche in oder für die Schule arbeiten. (vgl. Deutsches Komitee für UNICEF e.V. 2013) Sie ist ein Ort, in dem sich bis zur Volljährigkeit das halbe Leben abspielt. Wo sich Freundschaften entwickeln, gestritten und wieder versöhnt wird. SchülerInnen geraten in Konflikte mit Gleichaltrigen oder Lehrkräften und erleben das Gefühl von Freude und Zusammenhalt sowie Ausgrenzung und Ungerechtigkeit. Zu Hause werden Kinder und Jugendlichen mit veränderten Familienstrukturen konfrontiert, resultierend aus dem Wandel der Gesellschaft. Es gibt immer mehr Scheidungen, Alleinerziehende und beruflich gestresste Eltern, die nicht viel Zeit mit den Kindern verbringen können. (vgl. Drilling 2009: 25) Umso mehr muss sich die Bildungsinstitution Schule in der Verantwortung sehen, auch als Sozialisationsinstanz zu agieren, die SchülerInnen dazu befähigt, mit den täglichen zwischenmenschlichen Herausforderungen umgehen zu können. Das hat mich dazu verleitet, den Klassenrat als Methode zu untersuchen, in dem Konflikte und Probleme der SchülerInnen besprochen und gelöst werden sollen. Ziel dieser Hausarbeit ist es, anhand einer quantitativen Forschungsmethode zu überprüfen, wie sich die Einführung des Klassenrats auf das Klassenklima auswirkt. Dabei gehe ich in fünf Schritten vor. Zuerst soll der theoretische Hintergrund aufzeigen, was unter einem sozialen Klima zu verstehen ist, wie dieses geschaffen wird und wie Konflikte entstehen. Zudem wird das Konzept des Klassenrats mit seinen Zielen und Wirkungen dargestellt. Darauf folgen die zu untersuchende Forschungsfrage und Hypothesen, um die es im Hauptteil dieser Arbeit geht. Kapitel 4 beschreibt das methodische Vorgehen, in dem der Aufbau des Fragebogens, die Datenerhebung, Stichprobenauswahl und die Durchführung der Studie vorgestellt werden. Die Ergebnisse werden in Kapitel 5 behandelt, die sich auf die Konfliktlösungsfähigkeit, Klassenklima und Wohlbefinden der SchülerInnen beziehen. In der darauffolgenden Diskussion im Kapitel 6 werden die Ergebnisse in den zu Beginn erfassten theoretischen Hintergrund eingeordnet und die Methodenauswahl sowie Durchführung kritisch beleuchtet. Das Fazit fasst alle wichtigen Ergebnisse nochmal zusammen, in dem überprüft wird, ob die Hypothesen widerlegt oder bestätigt und die Forschungsfrage beantwortet werden konnte und macht deutlich welche Bedeutung die Studie für die Soziale Arbeit hat.

---

[1] Kinderhilfswerk der Vereinten Nationen (United Nations Children's Fund): setzt sich für die Rechte jedes Kindes ein. (vgl. UNICEF 2020)
[2] Gemeinnütziger anerkannter Verein, der sich für Kinderrechte, Beteiligung und den Kampf gegen Kinderarmut einsetzt. (vgl. Deutsches Kinderhilfswerk e.V.)

2 Theoretischer Hintergrund

Jede wissenschaftliche Tätigkeit beginnt damit, die in der Studie enthaltene Begriffe genau zu beschreiben (vgl. Hussy et al. 2013: 12). Dafür wird eine theoretische Grundlage geschaffen, in der zunächst die Bedeutung des sozialen Klimas und die Entstehung von Konflikten näher erläutert. Darauf folgen das Konzept und schließlich die Ziele und Wirkungen des Klassenrats.

2.1 Soziales Klima und Konfliktentstehung nach Fleischer

Das soziale Klima in einer Klasse ist wichtig für eine lernförderliche Umgebung. Konflikte zwischen SchülerInnen untereinander oder zwischen SchülerInnen und LehrerInnen können das soziale Klima schaden und sich somit hinderlich auf Lernen und Leistungen auswirken. Konflikte entstehen häufig durch unterschiedliche Überzeugungen und Werte in einer Gruppe. Zudem verfügen vor allem Kinder und Jugendliche über ein begrenztes Verhaltensrepertoire, um Probleme zu lösen und zu regeln, sodass sie sich noch mehr verschärfen. Eine Rolle spielt auch, wie SchülerInnen mit Spannungen und Belastungen umgehen und sie verarbeiten. Der Konflikt kann offen ausgetragen werden, wobei Emotionen aufgeladen, konfrontativ und impulsiv ausgetauscht werden. Andere entscheiden sich Konfliktparteien zu meiden und Konflikte durch Verdrängen, Ablenken, Unterdrücken oder Vermeiden aus dem Weg zu räumen. Jedoch bleibt in beiden Fällen das Problem oft weiterhin bestehen. (vgl. Fleischer 2016: 73-76) Fleischer hat Merkmale einer Gruppe herausgearbeitet, die er bei der konstruktiven Bearbeitung eines Konflikts für relevant hält und die zu einem lernförderlichen Klassenklima führen:

> „• Die Mitglieder verstehen das Ziel und haben sich darauf geeinigt.
> • Die meisten Beiträge beziehen sich direkt und in konstruktiver Weise auf das anstehende Problem.
> • Die Mitglieder akzeptieren verschiedene Meinungen bezüglich der einzelnen Vorschläge.
> • Die Mitglieder sind geduldig miteinander.
> • Die Mitglieder leisten ihre Beiträge mit großem Engagement.
> • Es gibt Äußerungen von Zuneigung zueinander.
> • Die Gruppe kommt der Lösung des Problems näher." (ebd.: 77)
> „• partnerschaftliches und kooperatives Verhalten,
> • Akzeptanz der anderen Beteiligten in ihrer Andersartigkeit". (ebd.: 78)

2.2 Das Konzept des Klassenrats

Der Klassenrat soll in erster Linie das soziale Miteinander regeln. Mindestens einmal in der Woche werden aktuelle Anliegen, Probleme und Konflikte unter gemeinsam gestellten Regelungen im Klassenrat besprochen. Bevor es mit der Themenbesprechung losgeht, sollten alle SchülerInnen gemeinsam eine Konzeption vereinbaren, an die sich alle TeilnehmerInnen halten sollten. Themen des Klassenrats werden von SchülerInnen und LehrerInnen vorab offen auf einem Zettel an der Wand gesammelt. Die Themen werden dann in der Reihenfolge besprochen, wie sie auf der Liste stehen. Wichtiges Merkmal des Klassenrats ist, dass alle TeilnehmerInnen in einem Stuhlkreis sitzen und sich anschauen können. (vgl. Burg et al. 2006: 28f.) Zu den organisatorischen Regelungen zählt auch die Einteilung der Rollen des Klassenrats. Der oder die *ModeratorIn* leitet die Diskussion und führt durch die Tagesordnung. Der oder die *RegelwächterIn* achtet darauf, dass sich alle an die vereinbarten Regeln halten. Der oder die *ProtokollantIn* hält alle Vereinbarungen und Beschlüsse schriftlich fest, damit sich später daran erinnert werden kann. Um zu gewährleisten, dass alle Anliegen der Tagesordnung besprochen werden, achtet der oder die *ZeitwächterIn* auf die Zeit. Die restlichen TeilnehmerInnen können in der Rolle der *RatsmitgliederInnen* ihre Meinungen äußern und dazu beitragen, dass eine Lösung für die Anliegen gefunden werden. (vgl. Die Rollen im Klassenrat 2021). Der Klassenrat eignet sich besonders um

• Kritik oder Anerkennung in verschiedenen Bereichen zu äußern,
• Konflikte in der Klasse/Schule zu diskutieren und Lösungsansätze dafür zu entwickeln,
• gemeinsam über Kultur der Klasse/Schule nachzudenken,
• um Ereignisse zu reflektieren und was gerade gut oder schlecht läuft,
• ethische Dilemmata zu diskutieren.
• Entscheidungen zu besprechen, die die Klasse betreffen, wie z.B. Klassenfahrten, Schulprojekte, Sitzordnung, Klassenraumgestaltung etc. (vgl. Daublebsky et al. 2008: 8)

2.3 Ziele und Wirkungen des Klassenrats

SchülerInnen können im Klassenrat ihre Meinungen vertreten und Diskussionen führen. Sie erleben durch den gemeinsamen Wahlprozess zur Gestaltung des Zusammenlebens ein stärkeres Gruppengefühl. Dadurch lernen sie Verantwortung zu übernehmen und demokratische Entscheidungen mitzutragen. Faire Aushandlungen schaffen ein positives Klassenklima und verbessern das Zusammenleben der SchülerInnen. (vgl. Blank 2016: 108) Bei gelungener Durchführung von Klassenräten können sich Wirkungen und Kompetenzen entfalten, die Daublebsky et al. (2008) in einer Übersicht zusammenfassen. Dazu gehören

„Soziale Fähigkeiten wie
• *zuhören,*
• *auf andere achten,*
• *sich in andere einfühlen (Empathie),*
• *seine Gefühle und Bedürfnisse adäquat äußern,*
• *Verhaltens-und Spielregeln erkennen und einhalten,*
• *Widersprüche und unklare Situationen aushalten (Ambiguitätstoleranz),*
• *Anerkennung/Lobaussprechen,*
• *sachliche Kritik aushalten,*
• *Konflikte gewaltfrei lösen, [...]*

Demokratiekompetenz wie
• *Respekt vor den Rechten der anderen üben,*
• *die prinzipielle Gleichwertigkeit aller Menschen anerkennen,*
• *demokratisches Sprechen lernen,*
• *demokratische Entscheidungsprozesse üben,*
• *demokratische Klassenkultur entwickeln." (Daublebsky et al. 2008: 13)*

3 Forschungsfrage und Hypothesenbildung

Wie beim deduktiven Vorgehen wird für den Forschungsprozess nun auf die grundlegenden Theorien eingegangen (vgl. Hussy et al. 2013: 8), die Indikatoren dafür geben, wie ein positives Klassenklima festgestellt werden kann und welche Wirkungen sich aus einem gelungenen Klassenrat ergeben sollen. Diese Erkenntnisse geben Anlass dazu, anhand einer Befragung zu untersuchen, inwiefern diese Theorien auf die SchülerInnen zutreffen. Aus dem theoretischen Hintergrund abgeleitet, beantwortet diese empirische Hausarbeit die Forschungsfrage:

Wie wirkt sich die Einführung des Klassenrats auf das Klassenklima aus?

Es ergeben sich folgende drei Hypothesen als vorläufige Antworten:

H1: Die Einführung des Klassenrats wirkt sich positiv auf das Klassenklima aus.
H2: Die Einführung des Klassenrats bewirkt eine Minderung des Aufkommens von Konflikten.
H3: Die Einführung des Klassenrats hat einen positiven Einfluss auf das Wohlbefinden der SchülerInnen.

Die Überprüfung der Hypothesen gibt Rückschlüsse auf die Gültigkeit der Theorien.

4 Methodisches Vorgehen

Beim Erklären des methodischen Vorgehens werden Aussagen über die Kausalrelationen zwischen den Sachverhalten etabliert, also eine Ursache-Wirkungs-Beziehung angenommen (vgl. ebd.: 13). Das ist notwendig, um die Forschungsfrage zu beantworten und Hypothesen zu bestätigen oder widerlegen. Zunächst wird der Aufbau des Fragebogens und die Erhebung der Daten beschrieben, danach wird die Stichprobenauswahl und Durchführung vorgestellt.

4.1 Aufbau des Fragebogens und Erhebung der Daten

Da es sich um die Untersuchung des Zusammenlebens einer Gruppe handelt, ist es sinnvoll, eine quantitative Studie durchzuführen. Bei dieser Art der empirischen Sozialforschung geht es darum, Muster von Regelmäßigkeiten in der sozialen Realität zu finden. Soziale Regelmäßigkeiten können sich mit der Zeit verändern und der Effekt davon kann dokumentiert werden, da sie das kollektive Verhalten von vielen Individuen beeinflussen. (vgl. Micheel 2018: 1267) Als Erhebungsinstrument wurde dafür ein standardisierter Fragebogen mit 13 geschlossenen Fragen erstellt, der in Papierform ausgeteilt wurde, um möglichst viele TeilnehmerInnen zu generieren. Dieser besteht aus fünf Teilen:

1. Anredetext: Beschreibung des Themas.
2. Frage 1 und 2:   Fragen zum Geschlecht und Alter.
3. Fragen 3 bis 4:   Fragen zur Konfliktlösungsfähigkeit.
4. Fragen 6 bis 9:   Fragen zum Klassenklima.
5. Fragen 10 bis 13:   Fragen zum Wohlbefinden.

Der Anredetext besteht aus der Themenvorstellung und dem Hinweis, dass die Befragung freiwillig und anonym ist. Darauf folgen zwei personenbezogene Fragen zu den Variablen Alter und Geschlecht in Form einer Nominalskala und offen gestellten Frage. Dann wird der Aufbau der Umfrage beschrieben und erklärt, worauf die SchülerInnen beim Ausfüllen achten sollen. Der Fragebogen ist in drei Blöcke aufgeteilt, in denen drei bis vier Fragen (Items) zu den drei Variablen Konfliktlösungsfähigkeit, Klassenklima und Wohlbefinden der SchülerInnen erstellt wurden. Variablen sind veränderliche Größen, die beobachtet werden können (vgl. Hussy et al. 2013: 13). Der erste Block beinhaltet Frage 3 bis 5 und beschäftigt sich mit dem Umgang mit Konflikten und der Fähigkeit, diese zu bewältigen. Im zweiten Block geht es in den Fragen 6 bis 9 um das Klassenklima und Zusammenleben der MitschülerInnen. Zum Schluss wird mit den Fragen 10 bis 13 das Wohlbefinden untersucht. Zur Messung der Merkmalsausprägung bzw. Variablen wurde eine verbalisierte 4-Punkt Likert Skala bzw. Ordinal-Skala mit den Werten 1 bis 4 erstellt, die in einer ranggeordneten Beziehung zueinanderstehen (Antwortmöglichkeiten: trifft genau zu / trifft eher zu / trifft eher nicht zu / trifft gar nicht zu). Von denen sollen die SchülerInnen eine Antwort ankreuzen (Einfachnennung). Die Werte können dann zu einem einzigen Skalenwert aggregiert werden, dieser stellt dann die gemessene Merkmalsausprägung dar. Dazu werden die einzelnen Werte summiert und der Mittelwert berechnet. (vgl. Porst 2013: 53-79; Saliterer 2019: 4-16)

4.2 Stichprobenauswahl

In der Wissenschaft wird eine Stichprobe untersucht, da es nur selten möglich ist, Daten der gesamten interessierenden Population zu erheben. „Stichproben sind Teilmengen von Populationen und dienen dazu, möglichst exakte Schätzungen über letztere zu gewinnen. Sie tun dies zum einen umso besser, je größer sie sind, und zum anderen, je charakteristischer sie die Population bzgl. des relevanten Merkmals widerspiegeln (Repräsentativität)" (Rasch et al. 2010: 23). Für die Befragung erschien die Klasse 6 der Gesamtschule X für geeignet, weil der Klassenrat zum Zeitpunkt der Anfrage erst vor einigen Wochen eingeführt wurde. Somit war gewährleistet, dass sich die SchülerInnen noch gut an das Zusammenleben vor Einführung des Klassenrats erinnern können. Außerdem lassen sich nach acht Wochen bereits erste Erfolge oder Misserfolge erkennen, da der Klassenrat im wöchentlichen Rhythmus stattfindet. Die Klasse besteht aus insgesamt 30 SchülerInnen, darunter 16 Mädchen und 14 Jungs. Neun Kinder sind bereits 12 Jahre alt, die restlichen haben ein Alter von 11 Jahren. Keines der Kinder ist sitzengeblieben oder neu in die Klasse hinzugekommen, sodass alle SchülerInnen sich seit der fünften Klasse kennen. Insgesamt konnten 29 Fragebögen ausgewertet werden, von 16 Mädchen und 13 Jungs. Ein Junge hat bis zum Zeitpunkt der Datenerhebung keine unterschriebene Einverständniserklärung der Eltern vorgezeigt und konnte deswegen an der Studien nicht teilnehmen.

4.3 Durchführung der Studie

Als ehemalige Schülerin der Gesamtschule X, weiß ich, dass der Klassenrat fester Bestandteil des Stundenplans ist. Über die Internetseite konnte ich E-Mail-Kontakt zu meinem ehemaligen Klassenlehrer aufnehmen. Weil es wegen der Corona-Pandemie zum Zeitpunkt der Anfrage erschwerte Bedingungen durch Maßnahmen gab, einigten wir uns bei einem Telefonat darauf, dass er sich nach einer passenden Klasse umhört, sodass ein persönlicher Besuch meinerseits nicht notwendig war. Der Fragebogen wurde so gestalten, dass er alle nötigen Informationen enthält. Falls doch etwas unklar sein sollte, können die Lehrkräfte weiterhelfen. Wichtig ist vor allem, dass der Fragebogen zuverlässig ausgehändigt und, wegen Befragung von Minderjährigen, gemeinsam mit der Einverständniserklärung eines Elternteils, wieder eingeholt wird. Nach ein paar Tagen kam ich in Kontakt mit der Lehrerin der Klasse 6. Die SchülerInnen hatten vier Wochen Zeit, die Einverständniserklärung von den Eltern unterschreiben zu lassen und bei der Lehrerin abzugeben, bis der Fragebogen ausgeteilt wurde. So erhielt ich eine Datenerhebung von insgesamt 29 SchülerInnen (n=29) acht Wochen nach Einführung des Klassenrats.

5 Ergebnisse der Untersuchung

Die Präsentation der Ergebnisse erfolgt in drei Blöcken, jeweils zur Untersuchung der Konfliktlösungsfähigkeit, des Klassenklimas und des Wohlbefindens. Die Darstellung erfolgt jeweils in einem Histogramm/Säulendiagramm als auch Kreisdiagramm (vgl. Rasch et al. 2010: 6). In der Umfrage waren vier Antwortmöglichkeiten vorgegeben in einer Skala von 1 bis 4 („trifft genau zu" bis „trifft gar nicht zu"), wobei Letzteres den Zustand beschreibt, wie vor Einführung des Klassenrats, also ohne Veränderung. Im Säulendiagramm werden die Antwortmöglichkeiten immer auf der x-Achse aufgeführt, der Anteil der SchülerInnen in Prozent wird auf der y-Achse veranschaulicht. Im Kreisdiagramm werden die Antworten mit den Werten 1 und 2 sowie 3 und 4 graphisch dargestellt. Ergänzend wird zu jedem Block der Durchschnittswert der Verteilung berechnet, also das arithmetischen Mittel bzw. die Mittelwertberechnung (vgl. ebd.: 16).

5.1 Konfliktlösungsfähigkeit

Um zu überprüfen, ob der Klassenrat einen Wirkung auf die Fähigkeit zur Konfliktlösung hat, werden zunächst in den folgenden Graphiken die Antworten 3 bis 5 ausgewertet. Die einzelnen Antworten der Fragen 3 bis 5 (F3 bis F5) werden in einem Säulendiagramm verdeutlicht (Abb.1). Das Kreisdiagramm (Abb.2) macht zudem noch deutlicher, ob eine Steigerung der selbstbewerteten Konfliktlösungsfähigkeit vorliegt.

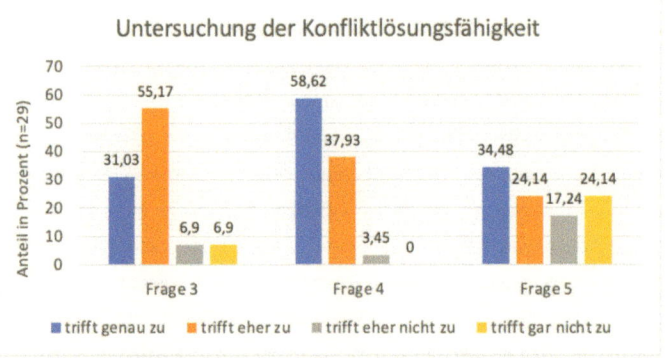

Abb. 1: Einfluss des Klassenrats auf die Konfliktlösungsfähigkeit

Die befragten SchülerInnen sollten einschätzen, ob sie durch den Klassenrat besser wissen, wie sie mit Problemen und Konflikten umgehen sollen und ob sie den Klassenrat zur Lösung des eigenen Problems schon mal genutzt haben oder in Zukunft nutzen würden. Die Mittelwerte der jeweiligen Fragen verdeutlichen die Tendenz, ob der Klassenrat die Selbsteinschätzung der SchülerInnen zur Konfliktlösungsfähigkeit insgesamt verbessert hat oder eher nicht.

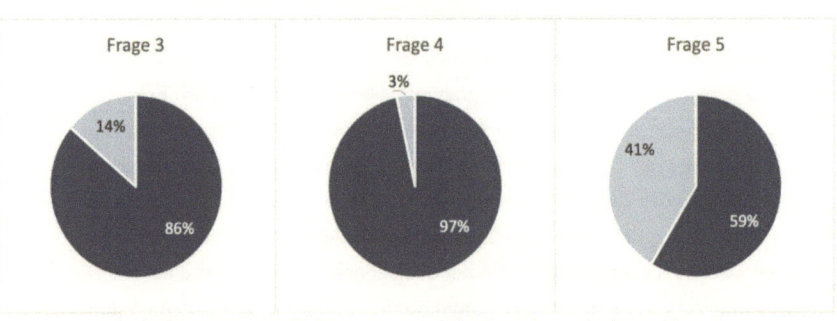

Abb. 2: Einfluss des Klassenrats auf die Konfliktlösungsfähigkeit

$$\text{Mittelwert}_{(F3)} = (9_1 + 16_2 + 2_3 + 2_4) / n \qquad = 1{,}9$$
$$\text{Mittelwert}_{(F4)} = (17_1 + 11_2 + 1_3 + 0_4) / n \qquad = 1{,}45$$
$$\text{Mittelwert}_{(F5)} = (10_1 + 7_2 + 5_3 + 7_4) / n \qquad = 2{,}3$$

Abb. 3: Mittelwerte der Antworten 3 bis 5

5.2 Klassenklima

Um die erste und zweite Hypothese zu überprüfen, wird anhand der Auswertung von Frage 6 bis 9 (F6 bis F9) veranschaulicht, ob sich eine Verbesserung des Klassenklimas durch den Klassenrat aufzeigt. Ebenfalls werden die Ergebnisse dafür in einem Säulendiagramm (Abb.4) sowie Kreisdiagramm (Abb. 5) dargestellt.

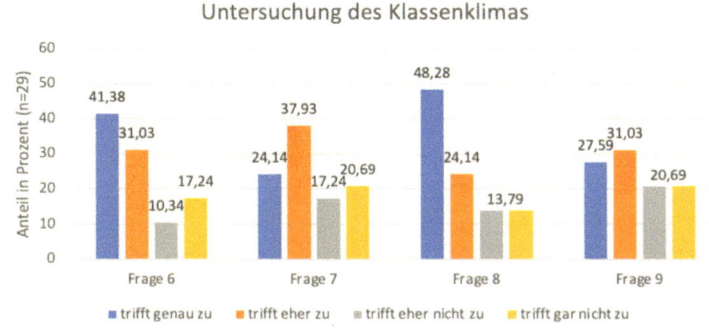

Abb.4: Einfluss des Klassenrats auf das Klassenklima

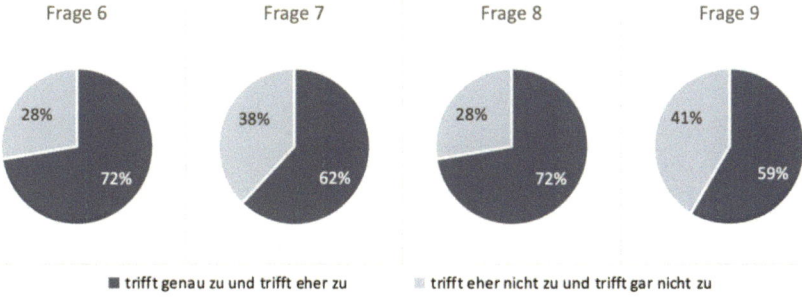

Abb.5: Einfluss des Klassenrats auf das Klassenklima

Die Daten geben an, ob sich nach Einschätzung der SchülerInnen eine Verbesserung des Zusammenlebens bemerkbar macht und ob weniger Streit und Konflikte aufkommen, seitdem es den Klassenrat gibt. Wie auch in Abbildung 5 und 6 erkennbar ist, wurden zum Thema Klassenklima insgesamt vier Fragen gestellt. Die Berechnung des Mittelwertes macht wieder die Tendenz einer Verbesserung oder Stagnation deutlich.

$$\text{Mittelwert}_{(F6)} = (12_1 + 9_2 + 3_3 + 5_4) / n \qquad = 2{,}03$$
$$\text{Mittelwert}_{(F7)} = (7_1 + 11_2 + 5_3 + 6_4) / n \qquad = 2{,}34$$
$$\text{Mittelwert}_{(F8)} = (14_1 + 7_2 + 4_3 + 4_4) / n \qquad = 1{,}93$$
$$\text{Mittelwert}_{(F9)} = (10_1 + 7_2 + 5_3 + 7_4) / n \qquad = 2{,}34$$

Abb. 6: Mittelwerte der Antworten 6 bis 9

5.3 Wohlbefinden

Zuletzt wird zur Überprüfung der dritten Hypothese der Effekt des Klassenrats auf das Wohlbefinden der SchülerInnen graphisch dargestellt. Hierzu wurden die Fragen 10 bis 13 (F10 bis F13) ausgewertet und in einem Säulendiagramm (Abb.7) und Kreisdiagramm (Abb.8) verdeutlicht.

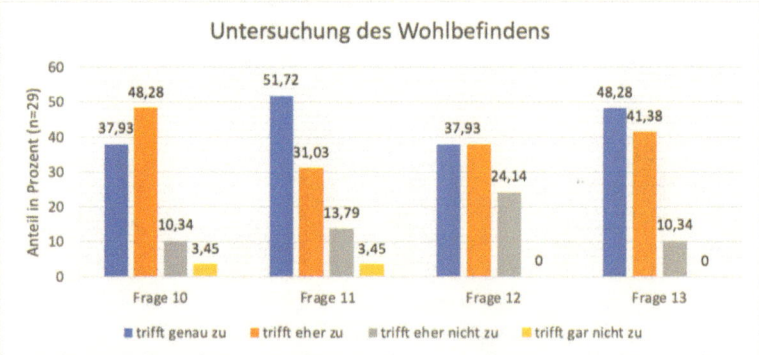

Abb.7: Einfluss des Klassenrats auf das Wohlbefinden der SchülerInnen

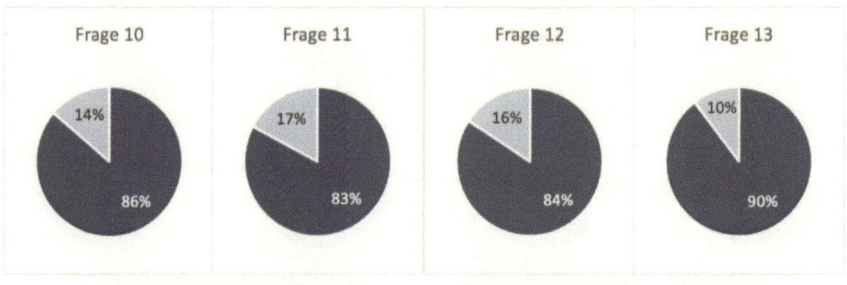

Abb.8: Einfluss des Klassenrats auf das Wohlbefinden der SchülerInnen

Der dritte Block des Fragebogens befragt die SchülerInnen zum eigenen Wohlbefinden in der Klasse, zur Akzeptanz durch MitschülerInnen und zur erlebten Selbstsicherheit. Auch hier macht die Berechnung des Mittelwerts sichtbar, ob sich eine positive oder negative Tendenz erkennen lässt. Zur Erinnerung der Skalenwerte (1 = trifft genau zu; 2 = trifft eher zu; 3 = trifft eher nicht zu; 4 = trifft gar nicht zu).

$$\text{Mittelwert}_{(F10)} = (11_1 + 14_2 + 3_3 + 1_4) / n = 1{,}79$$
$$\text{Mittelwert}_{(F11)} = (15_1 + 9_2 + 4_3 + 1_4) / n = 1{,}69$$
$$\text{Mittelwert}_{(F12)} = (11_1 + 11_2 + 7_3 + 0_4) / n = 1{,}86$$
$$\text{Mittelwert}_{(F13)} = (14_1 + 12_2 + 3_3 + 0_4) / n = 1{,}62$$

Abb.9: Mittelwerte der Antworten 10 bis 13

6 Diskussion

Die Ergebnisse der Umfrage werden im Folgenden mit Sicht auf den theoretischen Hintergrund interpretiert. Zudem wird das methodische Vorgehen kritisch beleuchtet, indem vor- und nachteilhafte Durchführungsmethoden diskutiert werden.

6.1 Einordnung der Ergebnisse in den theoretischen Hintergrund

Bei der Auswertung der Datenlage ist zu berücksichtigen, dass eine Theorie nie als „bewiesen" gelten kann und lediglich den Status einer „geprüfte Aussage" erhält (vgl. Hussy et al. 2013: 8). Die Ergebnisse zeigen, dass die SchülerInnen ihre Konfliktlösungsfähigkeit besser einschätzen, als sie es vor der Einführung des Klassenrats war. Zwei Kriterien für ein lernförderlichen Klassenklima, die von Fleischer aufgestellten werden (vgl. Fleischer 2016: 77), können mit der Auswertung der Fragen 3 bis 5 als verbessert angesehen werden. Die Gruppe kommt einerseits der Lösung eines Problems näher und kann sich zum anderen auf Ziele einigen (siehe Kapitel 2.1). Die größte Veränderung durch den Klassenrat gibt es im ersten Block bei der persönlichen Konfliktlösungsstrategie (F4). Auffällig ist, dass fast die Hälfte der Klasse den Klassenrat nicht nutzt, um über eigene Probleme zu sprechen (F5). Scheinbar nützt der Klassenrat den SchülerInnen bei der Bewältigung von Konflikten, auch wenn sie ihn nicht aktiv für die eigene Problemlösung nutzen. Vorstellbar ist auch, dass in den acht Wochen noch nicht alle SchülerInnen von einem Problem betroffen waren, welches einer Klärung im Klassenrat bedurfte. Außerdem zeigt die Auswertung, dass die Mehrheit der SchülerInnen das Klassenklima als positiver bewertet. Zwar halten sich die SchülerInnen nicht deutlich mehr an Regeln (F9) und Konflikte bleiben weiterhin teilweise bestehen (F7), jedoch hat der Klassenrat Einfluss auf die Verbesserung des Zusammenlebens und bewirkt ein freundlicheren Umgang miteinander (F6 bis F8). Somit konnten zwei weitere Kriterien nach Fleischer überprüft werden. Es gibt eine spürbare Verbesserung des partnerschaftlichen und kooperativen Verhaltens und auch freundliche Äußerungen kommen häufiger vor (siehe Kapitel 2.1). Das Wohlbefinden steigt durch die Einführung des Klassenrats am deutlichsten. Das lässt sich an den Mittelwerten erkennen, da kein Wert über 2 ragt (Abb.9). Die SchülerInnen geben an, dass sie sich deutlich wohler fühlen in der Klasse, sich mehr von ihren MitschülerInnen akzeptiert und sicherer darin fühlen, die eigene Meinung zu vertreten oder Probleme anzusprechen. Somit können sich zwei weitere Kriterien nach Fleischer verbessern, da der Klassenrat eine höhere Akzeptanz der anderen Beteiligten und von verschiedenen Meinungen bewirkt (siehe Kapitel 2.1). Zudem konnte die Feststellung von Blank (2016: 108) geprüft werden, dass faire Aushandlungen, die im Klassenrat gegeben sein müssen (siehe Kapitel 2.2), ein positives Klassenklima schafft und das Zusammenleben der SchülerInnen verbessert wird. Auch können durch die Studie Rückschlüsse auf eine allgemeine Verbesserung der sozialen Kompetenzen und Demokratiekompetenzen, die von Daublebsky et al. (2008: 13) aufgestellt werden (siehe Kapitel 2.3) gezogen werden.

6.2 Methodenkritische Reflexion

Positiv zu bewerten an der methodischen Anwendung ist die zeitliche Festlegung der Studiendurchführung. Nach acht Wochen zeigen sich erste Ergebnisse einer pädagogischen Maßnahme, die bewertet werden können. Auch die Erhebung der Daten durch einen anonymen Fragebogen erscheint nach wie vor sinnvoll, da auch die Meinungen von eher schüchternen Kinder dadurch repräsentiert werden können. Der Fragebogen enthält einfache und kurze Erklärungen sowie Formulierungen, die eindeutig und verständlich sind (vgl. Porst 2013: 99f.). Nicht deutlich geworden ist durch die Studie, ob es auffälliges Verhalten in der Klasse vor der Einführung des Klassenrats gab bzw. weiterhin gibt, das zu Unterrichtstörungen führt oder das soziale Klima beeinträchtigt und ob z.B. bestimmte Probleme vorherrschen wie eine erhöhte Gewaltbereitschaft, Mobbing, Lernschwächen etc. Eine Datenerhebung vor Einführung des Klassenrats, also a priori (vgl. Rasch et al. 2010: 237), hätte zu mehr Erkenntnisse geführt. Eine Datenerhebung zum Migrationshintergrund hätten möglicherweise erklärt, warum fast die Hälfte der Klasse nicht am Klassenrat teilnimmt, da es dann auf eine mögliche Sprachbarriere zurückzuführen werden könnte. Bedauerlicherweise konnte ich nicht selbst beurteilen, ob sich die SchülerInnen beim Ausfüllen des Fragebogens gegenseitig beeinflussten. Auch die Items des Fragebogens an sich konnten für eine Beeinflussung gesorgt haben, da die Aussagen, durchweg positiv gestellt wurden. Andererseits sorgt ein Wechsel von positiv und negativ gestellten Aussagen für Verwirrung und für mehr Falschantworten (vgl. Porst 2013: 107). Zudem wurde die Richtung der Skala falsch gewählt, da sie nach Porst mit der negativen Antwortmöglichkeit auf der linken Seite anfangen und zur positiven auf der rechten Seite verlaufen sollte (vgl. ebd.: 90f.). Allerdings ist es unwahrscheinlich, dass deswegen Falschantworten gegeben wurden, da die Wertebezeichnungen genau oben drüberstehen. Ebenfalls wurde nicht erfragt, ob parallel andere pädagogische Maßnahmen eingeleitet wurden, sodass der positive Effekt nicht nur auf den Klassenrat zurückzuführen ist. Für ein positives Klassenklima ist ebenfalls essenziell, dass eine vertrauensvolle Beziehung zu den KlassenlehrerInnen herrscht, was diese Studie nicht erforscht hat. Zudem handelt es sich um eine subjektive Sicht und ein Gefühlsempfinden der SchülerInnen. Zwar kann nur so das eigene Wohlbefinden bewertet werden, ob sich jedoch das Klassenklima oder die Konfliktlösungsfähigkeit tatsächlich verbessert haben, kann mit dieser Studie nicht festgestellt werden. Generell ist zu erwähnen, dass keine allgemeingültigen Ergebnisse anhand dieser Umfrage getroffen werden können, da sich die Datenlage nur auf die SchülerInnen dieser Klasse beziehen. Für eine tiefergehende Studie zur Einflussnahme des Klassenrats ist eine schulformübergreifende Befragung von mehreren Klassen, über eine längere Zeitspanne notwendig und in denen auch einzelne Interviews, sowohl mit SchülerInnen als auch Lehrkräften gehalten werden.

7 Fazit

Die drei untersuchten Variablen Klassenklima, Konfliktlösungsfähigkeit und Wohlbefinden der SchülerInnen haben einen gegenseitigen Einfluss aufeinander, der durch die Einführung des Klassenrats angestoßen wird (Variable A beeinflusst Variable B beeinflusst Variable C beeinflusst Variable A usw.) Es herrscht also eine Kausalrelation zwischen den drei Sachverhalten (vgl. Hussy et al. 2013: 13). Der Klassenrat macht es möglich, dass SchülerInnen lernen, besser mit ihren Problemen umzugehen und sie zu lösen. Er fördert soziale Kompetenzen und demokratisches Verhalten. Daraus ergibt sich ein besseres Klassenklima, was auch das persönliche Wohlbefinden positiv beeinflusst. Fühlen sich SchülerInnen wohler in der Klasse, so wird ihr Selbstbewusstsein gestärkt und sie trauen sich mehr, ihre eigene Meinung zu äußern und Probleme anzusprechen. Dadurch werden wiederum Konflikte schneller gelöst und das Klassenklima verbessert. Das konnte auch durch die Studie belegt werden, denn alle drei Faktoren haben sich nach Einschätzung der SchülerInnen durch den Klassenrat verbessert. Somit können alle drei aufgestellten Hypothesen bestätigt werden, was zur Beantwortung der Fragestellung führt: **Die Einführung des Klassenrats wirkt sich positiv auf das Klassenklima aus und hat einen positiven Effekt auf die Konfliktlösungsfähigkeit und Wohlbefinden der SchülerInnen.** Für die Soziale Arbeit bedeutet das, dass besonders SchulsozialarbeiterInnen dafür sorgen müssen, dass sie über ein Methodenrepertoire verfügen sollten, die SchülerInnen dazu befähigt, Konflikte und Probleme zu erkennen, anzusprechen, zu verhandeln und schließlich zu lösen. Dafür müssen sie wissen, welche Angebote und Projekte für welche Schulklassen, Kinder und Jugendlichen geeignet sind. Zudem sollten sie sich dafür einsetzen, dass die nötigen Rahmenbedingungen in der Schule gegeben sind, damit Methoden wie der Klassenrat eingeführt und korrekt ausgeführt werden und auch regelmäßig stattfinden. SchulsozialarbeiterInnen können auf die, durch diese Studie belegte positive Wirkung des Klassenrats verweisen, um eine strukturelle Verankerung an Schulen zu begründen.

Literaturverzeichnis

Blank, J. (2016): Der demokratiepädagogische Klassenrat, DeGeDe, [online] https://www.degede.de/wp-content/uploads/2019/06/blank-j2016-demo-kratiepadagogishcer-klassenrat-10-jahre-degede.pdf [abgerufen am 20.02.2022].

Burg, S./Neufeld, D./Seither, A. (2006): Mitentscheiden und Mitverantworten von Anfang an. Klassenrat in der Grundschule. Grundschule Süd, Rheinland-Pfalz, peDOCS, peDOCS, [online] https://www.pedocs.de/volltexte/2008/186/pdf/rp_Klassenrat.pdf [abgerufen am 20.02.2022].

Daublebsky, B./Lauble, S. (2006): Eine Handreichung für die Praxis. Der Klassenrat als Mittel demokratischer Schulentwicklung, peDOCS, [online] https://www.pedocs.de/volltexte/2009/555/pdf/BW_Klassenrat.pdf [abgerufen am 20.02.2022].

Deutsches Kinderhilfswerk e.V. (o. D.): Über uns, dkhw.de, [online] https://www.dkhw.de/ueber-uns/ [abgerufen am 20.02.2022].

Deutsches Komitee für UNICEF e.V. (2013): Schule ist Vollzeitjob für Kinder, Unicef, [online] https://www.unicef.de/informieren/aktuelles/presse/2012/schule-ist-vollzeitjob-fuer-kinder/14834 [abgerufen am 20.02.2022].

Die Rollen im Klassenrat (2021): Der Klassenrat, [online] https://www.derklassenrat.de/der-klassenrat/die-rollen-im-klassenrat [abgerufen am 20.02.2022].

Drilling, M. (2019): *Schulsozialarbeit: Antworten auf veränderte Lebenswelten*, 4. Aufl., Bern, Schweiz: Haupt Verlag.

Fleischer, T. (2016): *Schule personzentriert gestaltet: Zwischenmenschliche Beziehungen und Persönlichkeitsentwicklung in der Schule*, 1. Aufl., Stuttgart, Deutschland: W. Kohlhammer.

Hussy, W./Schreier, M./Echterhoff, G. (2013): *Forschungsmethoden in Psychologie und Sozialwissenschaften für Bachelor*, 2. Aufl., Berlin, Deutschland: Springer Verlag.

Micheel, H. (2018): *Handbuch Soziale Arbeit: Grundlagen der Sozialarbeit und Sozialpädagogik*, Otto H.-U./Thiersch, H./Treptow, R./Ziegler, H. (Hrsg.), 6. Aufl., München, Deutschland: Ernst Reinhardt Verlag.

Porst, R. (2013): *Fragebogen: Ein Arbeitsbuch*, 4. Aufl., Wiesbaden, Deutschland: Springer VS.

Rasch, B./Friese, M./Hofmann, W./Naumann, E. (2010): *Quantitative Methoden: Einführung in die Statistik für Psychologen und Sozialwissenschaftler*, 3. Aufl., Berlin, Deutschland: Springer Verlag.

Saliterer, I. (2019): Leitfaden zur Datenaufbereitung des Lehrstuhls Public und Non-Profit Management - Kommunale Verwaltung, Uni Freiburg, [online] https://www.puma.uni-freiburg.de/leitfaden/Leitfaden%20zur%20Datenaufbereitung_Stand%2004.2019.pdf [abgerufen am 20.02.2022].

UNICEF (2020): UNICEF, unicef.de, [online] https://www.unicef.de/informieren/ueber-uns/unicef-einfach-erklaert [abgerufen am 20.02.2022].

1 Druckversion Fragebogen

Fragebogen zum Klassenrat
Klasse 6 der Gesamtschule X

Liebe Schülerin, lieber Schüler,
in diesem Fragebogen geht es um deine Meinung zum Klassenrat und über deine Klasse. Du kannst offen und ehrlich antworten, denn du nimmst an dieser Umfrage anonym teil, das heißt, niemand weiß nachher, wer den Fragebogen ausgefüllt hat. Die Teilnahme an dieser Umfrage ist freiwillig, wenn du eine Frage nicht beantworten möchtest, musst du das auch nicht.

1. **Bitte kreuze dein Geschlecht an:**
   Männlich O   Weiblich O   Divers O

2. **Bitte gebe dein Alter an:** _____

Bewerte nun folgende 11 Aussagen. Kreuze immer <u>eine</u> der vier Antwortmöglichkeiten an, die deiner Meinung am nächsten kommt. Lass dir ruhig Zeit und rufe dir dabei immer in Erinnerung, wie es war, bevor der Klassenrat eingeführt wurde.

Die Antwort „*trifft genau zu*" bedeutet, dass sich die Situation deutlich verbessert hat. Die Antwort „*trifft gar nicht zu*" bedeutet, dass die Situation wie vor der Einführung des Klassenrats ist, es hat sich also nichts geändert (außer in Frage 5).

Nr.	Seit es den Klassenrat gibt...	trifft genau zu	trifft eher zu	trifft eher nicht zu	trifft gar nicht zu
3	kann ich Konflikte mit anderen Mitschülern und Mitschülerinnen besser lösen.				
4	weiß ich besser, welche Möglichkeiten ich habe, um ein Problem zu lösen.				
5	habe ich den Klassenrat schon mal genutzt, um über mein eigenes Problem zu sprechen oder würde es in Zukunft tun.				

Bitte umdrehen!

Nr.	Seit es den Klassenrat gibt…	trifft genau zu	trifft eher zu	trifft eher nicht zu	trifft gar nicht zu
6	hat sich das Zusammenleben in unserer Klasse verbessert.				
7	gibt es weniger Streit und Konflikte in unserer Klasse.				
8	gehen wir freundlicher miteinander um.				
9	halten wir uns mehr an Regeln.				

Nr.	Seit es den Klassenrat gibt…	trifft genau zu	trifft eher zu	trifft eher nicht zu	trifft gar nicht zu
10	fühle ich mich wohler in meiner Klasse.				
11	habe ich das Gefühl, mehr von meinen Mitschülern und Mitschülerinnen akzeptiert zu werden.				
12	fühle ich mich sicherer und gehe offener mit Problemen um.				
13	traue ich mich mehr, meine eigene Meinung zu sagen.				

Das war's schon!
Vielen Dank, dass du teilgenommen hast!

2 Einverständniserklärung

Liebe Eltern,

in den kommenden Wochen wird ein Fragebogen zum Thema Klassenrat an alle Schülerlnnen der Klasse 6 ausgeteilt, in dem es um die persönliche Meinung Ihres Kindes geht. Die Teilnahme an dieser Umfrage erfolgt anonym und ist freiwillig. Dafür wird jedoch das Einverständnis eines Erziehungsberechtigten benötigt. Mit einer Unterschrift akzeptieren Sie die Teilnahme an der Umfrage, die etwa 10 Minuten in Anspruch nehmen wird.

_____

Name des Kindes

_____

Unterschrift des Erziehungsberechtigten

3 Rohdatentabelle

Frage Nr. /Person	1	2	3	4	5	6	7	8	9	10	11	12	13
1	2	12	2	1	1	2	1	1	2	1	1	1	1
2	1	11	2	1	1	2	1	1	1	2	1	2	1
3	1	11	3	2	4	4	3	2	3	2	2	2	2
4	1	11	1	1	2	1	2	1	2	1	1	1	1
5	2	11	2	1	1	1	1	2	1	1	1	1	2
6	1	12	1	2	2	1	2	1	2	1	1	1	1
7	2	12	4	2	4	4	3	3	3	2	2	2	2
8	1	11	2	1	3	2	4	3	3	2	2	3	3
9	1	12	2	1	3	2	4	2	4	2	2	3	2
10	1	11	1	1	1	1	2	1	1	1	1	1	1
11	2	11	2	2	2	1	2	1	2	1	1	1	1
12	2	11	2	2	4	3	4	4	4	3	3	3	2
13	2	11	2	2	3	2	3	2	4	2	3	2	2
14	1	11	1	1	1	1	2	1	1	1	1	1	1
15	1	11	1	1	2	1	1	2	2	2	2	2	2
16	2	12	1	1	2	1	1	1	1	1	1	2	1
17	1	11	2	1	1	2	2	1	2	2	1	2	1
18	2	11	2	2	4	3	3	4	4	2	2	2	2
19	1	12	1	1	3	2	2	2	2	2	2	1	1
20	2	11	2	2	4	4	4	4	3	4	4	3	3
21	1	11	2	1	1	1	2	1	4	2	1	1	1
22	1	11	3	2	4	3	4	4	3	3	2	3	3
23	1	11	2	1	1	2	2	2	2	2	2	1	2
24	2	11	4	3	4	4	4	3	3	2	3	3	2
25	2	12	1	1	2	1	1	1	1	1	1	2	1
26	1	11	2	2	1	1	2	1	1	1	1	2	2
27	2	12	1	1	2	2	1	1	2	2	1	2	1
28	2	11	2	1	1	1	2	1	1	1	1	1	1
29	1	12	2	2	3	4	3	3	4	3	3	3	2

4 Codierung:

Fragen im Fragebogen	Variable (Merkmal)	Wertlabels
1 und 2	Geschlecht und Alter	weiblich = 1 / männlich = 2 / divers = 3 11 Jahre = 11 / 12 Jahre = 12
3 bis 5	Konfliktlösungsfähigkeit	trifft genau zu = 1
6 bis 9	Klassenklima	trifft eher zu = 2 trifft eher nicht zu = 3
10 bis 13	Wohlbefinden	trifft gar nicht zu = 4

Abbildungsverzeichnis

Abbildung 1: Einfluss des Klassenrats auf die Konfliktlösungsfähigkeit 8

Abbildung 2: Einfluss des Klassenrats auf die Konfliktlösungsfähigkeit 8

Abbildung 3: Mittelwerte der Antworten 3 bis 5 8

Abbildung 4: Einfluss des Klassenrats auf das Klassenklima ....……… 9

Abbildung 5: Einfluss des Klassenrats auf das Klassenklima ....……… 9

Abbildung 6: Mittelwerte der Antworten 6 bis 9 9

Abbildung 7: Einfluss des Klassenrats auf Wohlbefinden der SchülerInnen 10

Abbildung 8: Einfluss des Klassenrats auf Wohlbefinden der SchülerInnen 10

Abbildung 9: Mittelwerte der Antworten 10 bis 13 ....……......... 10